Leserabe

alle 3 Lesestufen

D1828878

MIX
Papier aus verantwortungsvollen Quellen
FSC® C111262

1 3 5 4 2

Ravensburger Leserabe
Diese Ausgabe enthält die Bände
„Das nimmersatte Timipu“ von Erhard Dietl
mit Illustrationen des Autors,
„Die verschwundenen Buchstaben“ von Julia Breitenöder
mit Illustrationen von Silke Voigt,
„Besuch aus dem Weltraum“ von Michael Petrowitz
mit Illustrationen von Patrick Wirbeleit.

Postfach 2460, 88194 Ravensburg
für die vorliegende Ausgabe

Umschlagbild: Sabine Rothmund
Printed in Germany

ISBN 978-3-473-46069-4

www.ravensburger.de
www.leserabe.de

Leserabe

alle 3 Lesestufen

Erhard Dietl • Julia Breitenöder
Michael Petrowitz

Das große Leserabe Leselernbuch
Quatschgeschichten

Mit Bildern von Erhard Dietl,
Silke Voigt und Patrick Wirbeleit

Ravensburger

Inhalt

Vor-
Lesestufe

Leserabe

Erhard Dietl

Das nimmersatte Timipu

Mit Bildern des Autors

Paul  hat 12  ,

2  , 6  ,

3  und 1  .

Die  hat  alle

von Oma  bekommen.

 verschenkt gern  .

Eigentlich geht  schon

in die 

.

Deswegen fühlt  sich

ein bisschen alt für  .

Doch  hat wieder

ein  mitgebracht.

Ein  mit grünem 

und roten 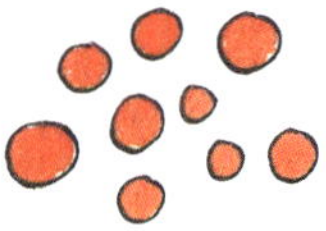 .

Sein  ist dünn

und sein  ist buschig.

„Es ist ein  !“,

erklärt  .

„  heißt  mit 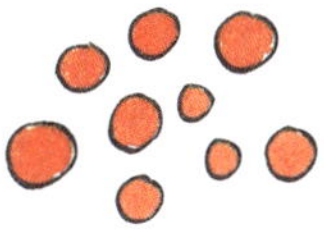 .“

 sagt zu  :

„Ich freue mich riesig

über das  .“

In der  darf das 

auf dem  von  liegen.

Mitten in der 

wacht  auf.

 traut seinen 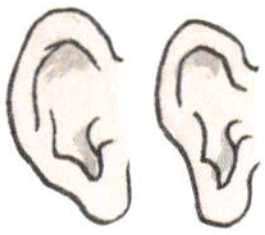 kaum.

„Hast was Grünes!?“,

hört  jemanden rufen.

 knipst die  an

und reibt sich die  .

Das  steht

vor seinem 

und wackelt mit dem  .

„Hast was Grünes?“,

will das  wissen.

Tatsächlich.

Das  spricht!

„Was meinst du?“,

fragt  völlig verwirrt.

„Hab Hunger wie ein  !“,

sagt das  .

„Mag aber nur was Grünes!“

 fällt plötzlich der  ein,

den Mama  heute morgen

gekauft hat.

„Magst du  ?“, fragt  .

Das  nickt mit dem  .

Es reißt seinen 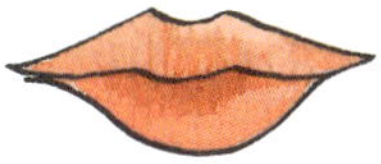 weit auf

und zeigt seine spitzen  .

 läuft in die 

und holt ein paar 

aus dem  .

Das  verschlingt inzwischen

den grünen 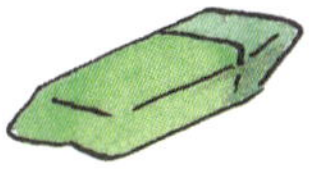 .

Jetzt knabbert das 

an einem grünen 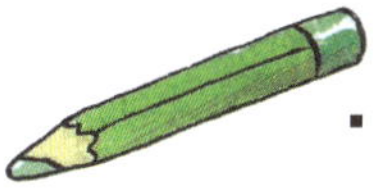 .

 kommt zurück.

„He,  ! Lass das!“,

ruft  entsetzt.

Er nimmt dem 

den 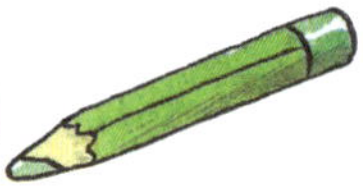 aus der 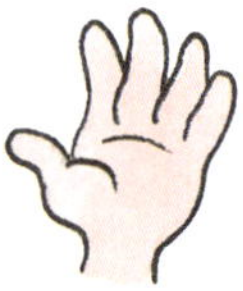

und gibt ihm die  .

Das  stopft sich

die  in den  .

„Mag noch was Grünes!“,

verlangt das  .

Und es zeigt 

seine lange, grüne 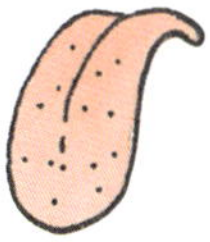 .

 holt noch schnell

den restlichen  .

Im  findet  auch

noch ein  mit  .

Und drei grüne  .

Das  hat großen Appetit.

Zuerst isst es den  ,

anschließend die 

und die  .

Danach noch den  ,

der vor dem  steht.

Mit den spitzen 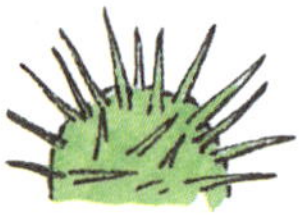 !

„Satt!“, ruft dann das  .

Das  legt sich ins 

und reibt sich den  .

„Lies mir ein  vor!“,

bettelt das  .

„Ich bin müde wie ein  !

Ich will ins  und schlafen!“,

sagt  .

„Nur ein kleines  !“,

quengelt das  .

Aber  mag auf keinen Fall

ein  vorlesen.

 nimmt das 

vom  .

„Also gut. Spitz deine 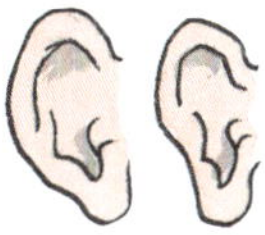 !“,

sagt  .

Er liest das 

:

„Extra knackige 

mit frischen  eingelegt.

Mit , 

, 

,

,  und 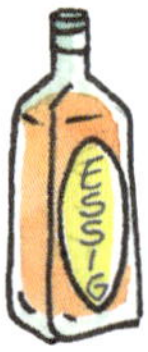

."

 stellt das leere 

zurück auf den  .

„Wie schön!“,

lobt das  zufrieden.

„Kannst gut lesen!“

„Ich geh schon in die 

!“,

sagt  .

„Morgen komm ich mit

in die 

“,

sagt das  .

„Da wird meine 

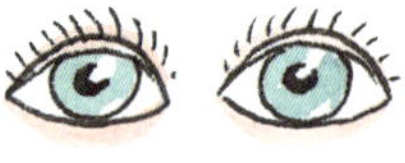 machen!“, sagt  .

„Jetzt mach das  auf.

Ich will im grünen  liegen!“

 öffnet das  .

„So eine schöne  “,

sagt das  .

Der  sieht heute aus

wie eine  .

Und all die  leuchten

wie kleine 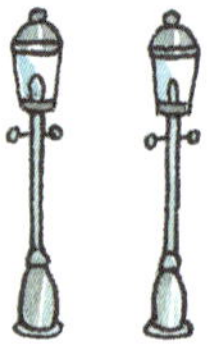 .

Das  hüpft schnell

aus dem  .

Schon ist das 

in der  verschwunden.

 legt sich ins  .

Er macht die  aus

und zieht die 

bis zur  hoch.

Dann fallen  die  zu.

Als die  ins  scheint

wird  von  geweckt.

„Guten Morgen!“, ruft .

„Warum ist das  offen?“

„Äh, es war so heiß im “,

antwortet .

Friedlich liegt das 

neben  auf dem  .

 starrt es

mit großen   an.

Wie vom  getroffen

springt 

aus seinem  .

 saust in die 

und reißt die  auf.

„Na, du musst ja hungrig sein!“,

wundert sich .

„Muss nur schnell im 

was nachsehen …“,

murmelt  leise.

Ob  wohl findet,

was er sucht?

Die Wörter zu den Bildern

Paul 

zwölf 

Kuscheltiere 

zwei 

Katzen 

sechs 

Hunde 

drei 

Bären 

einen 

Elefanten 

Oma 

Schule 

Kuscheltier 

Fell 

Punkten 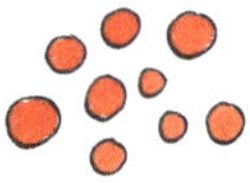

Hals 

Schwanz 

Timipu 

Tier 

Nacht 

Kopfkissen 

Ohren 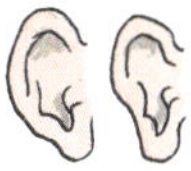

Lampe 

Augen 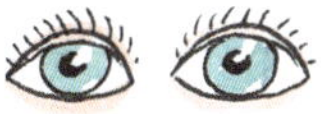

Bett 

Kopf 

Löwe 

Salat 

Mama 

Mund 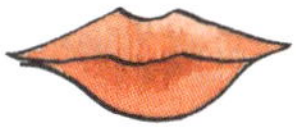

Zähne 

Küche 

Salatblätter 

Kühlschrank 

Radiergummi 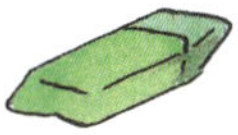

Farbstift 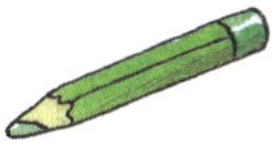

Hand 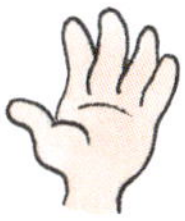

Zunge 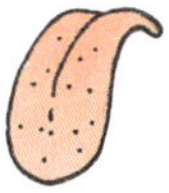

Glas 

Gurken 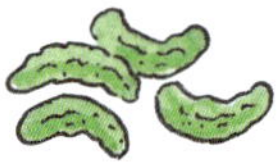

Wackelpuddinge

Kaktus 

Fenster 

Stacheln 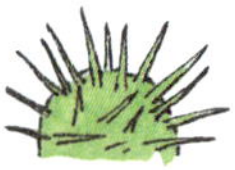

Bauch 

Buch 

Stein 

Gurkenglas 

Nachttisch 

Etikett 

Kräutern 

Zucker 

Salz 

Pfeffer 

Dill 

Zwiebeln 

Essig 

Lehrerin 

Gras 

Mond 

Sichel 

Sterne 

Laternen 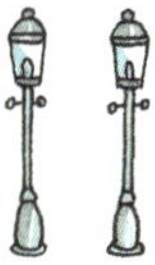

Bettdecke 

Nase 

Sonne 

Zimmer 

Blitz 

Kühlschranktür 

Leserabe

1. Lesestufe

Julia Breitenöder

Die verschwundenen Buchstaben

Mit Bildern von Silke Voigt

Hausaufgaben

Paul würde gern nach draußen gehen.
Aber erst muss er Hausaufgaben machen.
Er schreibt: Esel, Ente, Erdbeere
„Hmm, Erdbeeren …“, murmelt er.

„Wuff!“, macht Wanda unter dem Tisch.
„Gleich bin ich fertig“, verspricht Paul.

Erde, Engel

Ein Käfer krabbelt über das Heft.
Er ist kugelrund. Und quietschrosa.
Paul öffnet das Fenster. „Flieg raus!“
Er stupst den Käfer an.

Aber der bleibt einfach sitzen.
„Dann eben nicht“, sagt Paul.
Elfe, Ende
Geschafft!

Wanda steht auf und schnuppert am Heft.
Sie leckt eine Seite ab. Paul lacht.
„Nein, Wanda, Buchstaben
kann man nicht essen.
Komm, vielleicht hat Mama
Erdbeeren für uns!“
Sie laufen die Treppe hinunter.

Die Buchstaben sind weg!

„Schlagt das Lesebuch
auf Seite dreißig auf“,
sagt Frau Brehm.
„Ich sehe mir solange
eure Hausaufgaben an.“
„Willi, der wilde Wal“, liest Paul.
„Bestimmt müssen wir
W-Wörter schreiben“, sagt Max.

Paul verdreht die Augen.
„Mir haben die E-Wörter gestern gereicht.
Ich kann kein E mehr sehen."
„Ich auch nicht", sagt Frau Brehm.
Sie blättert in Pauls Heft.
„Wo sind denn deine E?"

Paul guckt Frau Brehm an.

Was meint sie nur?

Frau Brehm legt das Heft hin.

Jetzt sieht Paul es.

Alle E sind verschwunden!
Einfach weg,
als wären sie nie da gewesen!
Da steht:

_s_l, _nt_, _rdb__r_, _rd_,
_ng_l, _lf_, _nd_

„Aber ich habe sie geschrieben“,
stottert Paul.
Frau Brehm seufzt.
„Dann machst du es noch einmal.
Und als Hausaufgabe schreibt ihr
eine Geschichte mit W-Wörtern.“

Wandas Geschichte

Am Nachmittag schreibt Paul
alle E-Wörter neu.
„So eine endlose Eselei“, schimpft er.
Paul guckt das Heft an.
Er hält die Seite gegen das Licht.
Von den alten E ist kein Strich
mehr zu sehen. Seltsam.

Jetzt muss Paul die W-Geschichte schreiben.
Wanda schnarcht unter dem Tisch.
Das bringt Paul auf eine Idee.

„Wanda, ich schreibe über dich!“,
jubelt er.
Wanda wacht auf
und wedelt mit dem Schwanz.
Paul legt gleich los:

Wunderbare Wanda

Wanda ist ein weißer Wuschelhund,
wuschelig wie ein Wischmopp
und weich wie Wolle.
Sie mag Wanderungen
über weite Wiesen.
Und Wurst. Wanda ist wild
auf Wiener Würstchen.
Wanda ist wirklich wunderbar.

„Das reicht“, findet Paul.
Wanda bellt.
Paul lacht. „Willst du spielen?“
„Wau!“, macht Wanda.

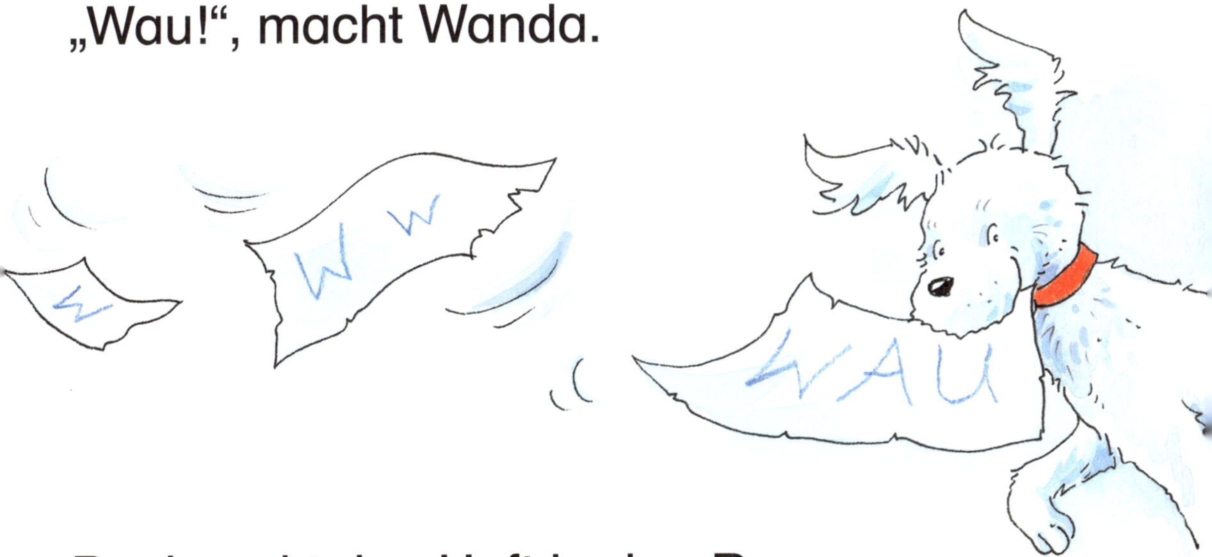

Paul packt das Heft in den Ranzen.
„Hoffentlich sind morgen
noch alle Buchstaben da.“

Wer frisst hier Buchstaben?

In der Nacht wird Paul wach.

Es raschelt und knistert.

Was ist das?

Paul macht Licht. Er lauscht.

Es knistert in seinem Ranzen!

Leise, ganz leise steht Paul auf.
Er schleicht zum Ranzen.
Das Rascheln wird lauter.

Das Schreibheft zittert.
Vorsichtig zieht Paul das Heft heraus
und schlägt es auf.

Auf der Seite mit der W-Geschichte
hockt der rosa Käfer!
Er schmatzt und rülpst.

„Was tust du da?“, fragt Paul.
Der Käfer hüpft hoch.
„Huch! Ich esse“, piepst er.
Paul staunt. „Was denn?“
„Buchstaben“, sagt der Käfer.
„Die schmecken gut.“

„Du hast meine E gefressen!“,
ruft Paul.
„Die waren lecker“, quiekt der Käfer.
„Wie erbsenstarkes Erdbeereis.
Die W sind auch nicht schlecht.“

„Stopp! Meine Hausaufgaben
darfst du nicht essen“,
schimpft Paul.
Er hebt den Käfer hoch.
„Was bist du für ein Tier?“

„Ein Abc-Käfer. Ich heiße Mampf“,
sagt der Käfer.
„Und ich habe Hunger.“
„Isst du nur Buchstaben?“,
fragt Paul.
Mampf nickt.

Paul holt ein Buch aus dem Regal
und setzt den Käfer darauf ab.
„Das lese ich nicht mehr.
Hier darfst du essen,
so viel du willst. Aber nur hier!“

„Ist gut“, schmatzt Mampf.
Paul legt sich wieder ins Bett.
Bald fallen ihm die Augen zu.
Er träumt von tanzenden Buchstaben.

Mampf in der Schule

Am nächsten Morgen
springt Paul aus dem Bett.
Das Buch liegt da,
aber der Käfer ist weg.
Hat er geträumt?
Paul blättert im Buch.

Alle A fehlen.
Er guckt in sein Schreibheft.
Die W sind angeknabbert.
Sonst fehlt nichts.
Erleichtert macht Paul den Ranzen zu.

Frau Brehm gefällt Pauls Geschichte.
„Sehr schön", lobt sie. „Und du hast
alle Buchstaben geschrieben,
das freut mich."

„Igitt! Was für ein fetter Käfer!“,
schreit Max.
Er hebt sein Lesebuch
und will zuschlagen.
„Mach ihn nicht kaputt!“,
ruft Paul. „Ich bringe ihn raus.“
Er öffnet das Fenster
und setzt Mampf aufs Fensterbrett.
„Warte hier auf mich“, flüstert er.

Max meldet sich:
„In meinem Lesebuch
fehlen Buchstaben.“
„Bei mir auch!“,
ruft Eva.

Überall sind Buchstaben verschwunden.
Bei Paul die O, bei Max die M,
bei Eva die T.
Und bei Frau Brehm fehlen die E.

Paul grinst.
Nicht mal vor dem Buch der Lehrerin
hat Mampf haltgemacht.

„Wie kann das sein?“
Frau Brehm ist ratlos.
„Heute gibt es keine Hausaufgaben“,
sagt sie. „Dafür schreibt ihr
die fehlenden Buchstaben
in die Bücher.“

Futter für den Abc-Käfer

„Das hat gut geschmeckt.
Ein echtes Festessen“,
seufzt Mampf und rülpst.
„Morgen gehe ich wieder
in die Schule.“

„Nein! Du darfst keine Lücken
in Schulbücher futtern!“, ruft Paul.

„Aber ich habe Hunger“, jammert Mampf.
„Was soll ich denn essen?“
Paul überlegt.
„Auf welche Buchstaben
hast du Appetit?“, fragt er.

Mampf grübelt. Dann sagt er:
„Ich will L! Leckere, lustige L.“

„Moment." Paul holt Papier und Stift.
Mampf trippelt ungeduldig
hin und her.
„Bitte, lass es dir schmecken."
Paul legt das Blatt vor Mampf.

Lilo lutscht langsam
lila Lieblingslollis.
Lahme Lurche lallen lachend
lustige Lieder.
Liebe Leute lesen leise.

„So viele L! Nur für mich“,
freut sich Mampf.
„Immer wenn du Hunger hast,
schreibe ich dir Futter“,
verspricht Paul.

„Und manchmal kannst du doch mit in die Schule kommen. Aber du darfst nur Buchstaben von Frau Brehm fressen.“

Mampf schmatzt und nickt.
Paul grinst.
Hoffentlich müssen sie bald
eine Geschichte mit M-Wörtern
schreiben.
Was Frau Brehm wohl
zu Mampf, dem Abc-Käfer, sagt?

Leserabe

2. Lesestufe

Michael Petrowitz

Besuch aus dem Weltraum

Mit Bildern von Patrick Wirbeleit

Nur eine Wolke?

Endlich Sommerferien!
Die Sonne scheint und der Himmel
leuchtet in hellem Blau.
Nur ein einziges, weißes Wölkchen
ist zu sehen.
Niko schlendert mit gesenktem
Kopf und hängenden Schultern
durch den Garten und mault:
„Alle sind verreist.
Niemand ist da, mit dem ich
spielen kann.
Ich hasse diese Ferien!“

Er merkt gar nicht,
dass das Wölkchen
immer tiefer sinkt.

Hinter dem Zaun von Nachbar Schulte
steht Hündin Elli
und bellt zum Himmel.
Jetzt entdeckt auch Niko
die Wolke.
Aber die Wolke zieht
nicht in eine Richtung.
Sie schwebt mal nach rechts,
dann nach links
und wieder zurück nach rechts.

„Das kann doch gar nicht sein!“,
wundert sich Niko.
Er feuchtet seinen Zeigefinger
mit Spucke an
und hält ihn in die Luft.
Der Wind kommt nur
aus einer Richtung.
Die Wolke fliegt ja
gegen den Wind!
Das ist doch unmöglich!
Es sieht so aus,
als würde die Wolke
im Park landen.
„Das muss ich mir genauer
ansehen“, denkt Niko
und spurtet los.

Wärst du auch so neugierig?
Was wird Niko finden?

Frage

Besuch aus der Ferne

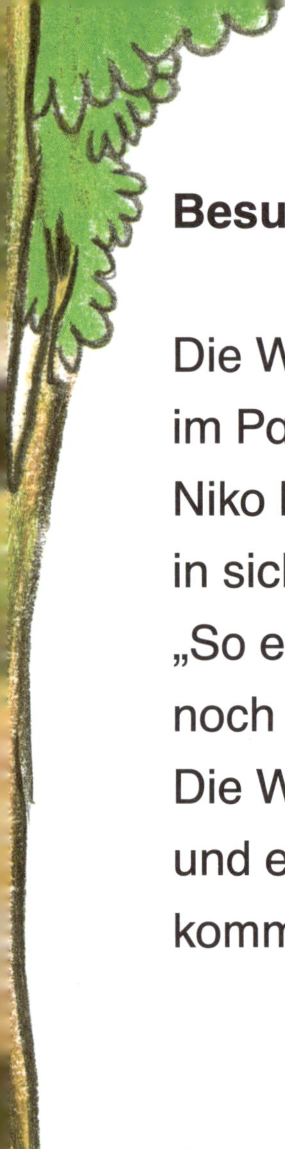

Die Wolke ist auf dem Rasen
im Park gelandet.
Niko bleibt
in sicherem Abstand stehen.
„So etwas habe ich
noch nie gesehen!“, flüstert er.
Die Wolke löst sich langsam auf
und ein rundes Raumschiff
kommt zum Vorschein.

„Ein echtes Ufo!“, staunt Niko.
Er tritt näher an das Ufo heran.
Ihm ist ganz schön mulmig zumute.
Was, wenn da ein fieser Alien
drinsitzt, der ihn mit seinem
langen Rüssel einfach aufsaugt?

Die Tür des Ufos öffnet sich
und ein Junge, der genauso groß
ist wie Niko, krabbelt heraus.
Der Junge trägt
einen glitzernden Raumanzug.
„Hallo! Ist das hier die Erde?",
fragt er.
„Klar, was sonst?!", antwortet Niko.
„Genauer gesagt, das hier ist
der Stadtpark! Ich bin Niko.
Und wer bist du?"

„Ich heiße Hieronymo!
Ich komme aus Quantanien."
„Aus Quantanien? Liegt das bei Spanien?", fragt Niko.
„Spanien? Nein. Quantanien liegt gleich hinter der UDFy-38135539-Galaxie, also nur 13 Milliarden Lichtjahre von diesem Park entfernt", antwortet Hieronymo.
„Oh! Das ist dann weiter weg als Spanien. Und was machst du hier bei uns auf der Erde?"

„Ich bin auf der Suche
nach meinem Hund.
Ich wollte am Mars nur
ein kleines Pinkelpäuschen
einlegen“, erklärt Hieronymo,
„aber dann ist er mir ausgebüchst
und einfach alleine zur Erde geflogen.

Könntest du mir helfen,
ihn zu suchen?“
„Au ja!“, ruft Niko begeistert.
„Wie heißt er denn?“
„Dussel!“, sagt Hieronymo.
„Dussel?“, wundert sich Niko
und kann sich das Lachen
kaum verkneifen.
„Vielleicht hat er sich irgendwo
in einem Gebüsch versteckt,
oder hinter einem Baum“,
vermutet Niko und ruft: „Duusseeel!
Wo biiist du? Duusseeell!“

Niko und Hieronymo kriechen
mit ihren Nasen dicht über dem
Boden zwischen den Sträuchern
und Büschen umher.
„Ich habe eine Spur!“,
ruft Hieronymo.
Niko eilt sofort zu ihm
und betrachtet die Fährte.
Die Abdrücke im Boden sehen aus
wie von einer Ente.
„Das sind ja Abdrücke von
Watschelfüßen! Aber Hunde haben
doch Pfoten“, sagt Niko.

„Das sind eindeutig die Fußabdrücke von Dussel“, erklärt Hieronymo.
„Ein Hund mit Watschelfüßen?!“, wundert sich Niko.
„Was ist Dussel überhaupt für ein Hund? Welche Rasse, meine ich.“
Hieronymo stutzt. „Er ist ein ganz normaler Weltraumhund.“

Frage

Wie stellst du dir einen Weltraumhund vor?

Ein Superschaukler

Die Spur führt die beiden
zum Spielplatz.
Dort bleibt Hieronymo vor
einer Schaukel stehen. „Was ist
das denn?“, will er wissen.
„Eine Schaukel“, antwortet Niko.
„Und wie funktioniert
diese Schaukel?“
„Du hast noch nie geschaukelt?“
Niko kann es kaum glauben.
Hieronymo schüttelt den Kopf.
„Komm, ich zeig’s dir!“, sagt Niko
und setzt sich auf die Schaukel.
„Es ist ganz einfach!“, ruft er,
holt Schwung und schaukelt.

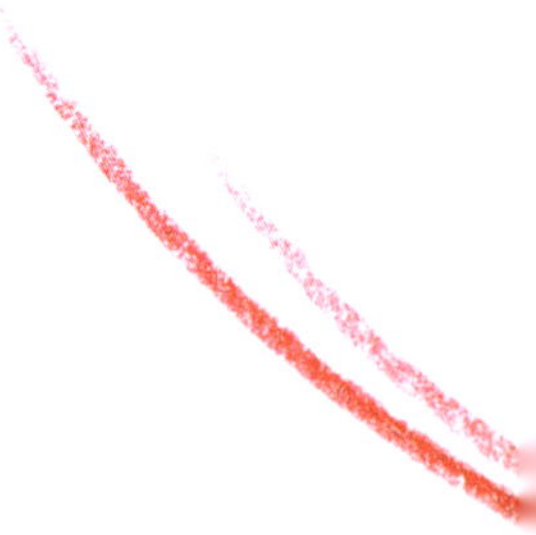

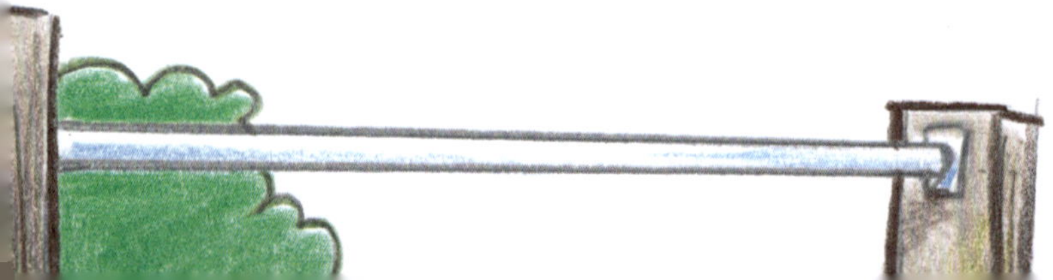

„Vielleicht kann ich Dussel
von hier oben entdecken.“
Niko hält Ausschau,
aber Dussel ist nicht zu sehen.
„Darf ich das auch mal versuchen?“,
fragt Hieronymo.
„Na klar“, sagt Niko und springt ab.

Hieronymo setzt sich
auf die Schaukel.
Er holt nur einmal Schwung
und sofort schaukelt er höher
als Niko zuvor.
Beim zweiten Mal hängt er schon
kopfüber und beim dritten Mal
macht er sogar einen Überschlag.
Aber Hieronymo hört nicht auf.

Er holt immer mehr Schwung.
Seine Überschläge werden
schneller und schneller.
Niko steht mit offenem Mund da
und staunt.
Wie kann man nur so schaukeln?!
„Pass auf, dass du
nicht wegfliegst!“, ruft Niko.

Nun kommen auch
andere Kinder angerannt
und staunen über
Hieronymos Schaukelkünste.
„Der kann aber dolle schaukeln!“,
ruft ein kleiner Junge mit
einem Strohhut, an dem
eine lange gelbe Feder
mit blauen Punkten steckt.

„Ja, das ist Hieronymo
aus Quantanien!“,
sagt Niko stolz.
„Quantanien?“, wundert sich
der Junge. „Wo ist das denn?“
„Das ist weiter weg als Spanien,
gleich hinter der UDFy-Galaxie.
Die Postleitzahl hab’ ich
vergessen.“

In diesem Moment springt
Hieronymo in hohem Bogen
von der Schaukel.
Er landet genau vor Niko
und dem Jungen mit dem Strohhut.
„Wo hast du diese Feder her?“,
will Hieronymo von dem Jungen
wissen.
„Die habe ich auf dem Weg
von der Eisdiele zum Spielplatz
gefunden“, antwortet der Junge.

„Dann muss Dussel dort
gewesen sein!“, ruft Hieronymo.
„Die Feder hat er bestimmt
auf dem Weg verloren.“
„Ein Hund mit Federn?“,
wundern sich Niko
und der Junge mit dem Strohhut.

„Ja, klar!“, sagt Hieronymo.
„Weltraumhunde haben Federn.
Und Dussels sind gelb
mit blauen Punkten.
Hilfst du uns, ihn zu suchen?“
„Au ja!“, antwortet der Junge.
Ich heiße übrigens Collin!“
Die drei rennen los
Richtung Eisdiele.

Frage Wie geht es Dussel wohl, wenn er so ganz alleine auf dem fremden Planeten Erde unterwegs ist?

Die heiße Spur

Vor der Eisdiele sitzt ein Mädchen
an einem Tisch und weint.
Vor ihr steht ein leerer Eisbecher.
„Warum weinst du?“, fragt Niko.
„Irgendjemand hat mein Eis
gefuttert. Ich war nur kurz
auf der Toilette. Als ich zurückkam,
war der Becher leer“,
antwortet das Mädchen.

„Das ist aber gemein!“,
regt sich Niko auf.
„Wer klaut denn einfach so Eis?!“
Hieronymo wird rot.
„Ich, ich glaube, das war Dussel“,
stottert er verlegen.
„Dussel? Wer ist das denn?“,
fragt das Mädchen wütend.
„Dussel ist ein Weltraumhund“,
erklärt Collin.

„Er hat Watschelfüße
und gelbe Federn mit blauen
Punkten“, fügt Niko hinzu.
„Und er ist verrückt nach Eis!“,
ergänzt Hieronymo.
„Aber bestimmt dachte er,
das Eis gehört niemandem.
Dussel ist kein böser Hund!“

Das Mädchen wundert sich:
„Federn? Watschelfüße?
So einen Hund
gibt es doch gar nicht!“
„Wenn du uns nicht glaubst,
komm doch einfach mit“,
fordert Niko sie auf.

„Dann wirst du schon sehen!“
„Na gut“, sagt das Mädchen.
„Ich komme mit euch. Aber wehe,
wenn ihr mich nur an der Nase
herumführen wollt!
Ich heiße übrigens Jule.“

Kurz hinter der Eisdiele entdecken
die Kinder eine grüne Pfütze.
„Ich glaube, ich weiß,
wer das war …“, sagt Niko.
„Kann es sein, dass Dussel
grün pinkelt?“
„Ja!“, antwortet Hieronymo.
„Und wenn er erst einmal
angefangen hat
zu pinkeln, dann hört er
so schnell auch nicht mehr auf!“

Von der grünen Pfütze führt
eine grüne Spur im Zickzack
aus dem Park heraus.
Die Kinder folgen ihr.
An einer Straßenkreuzung
endet die Spur.
„Wo sollen wir jetzt suchen?“,
fragt Collin. Die Kinder sind ratlos.
Da hören sie ein Grunzen.

„Hört ihr das?“, fragt Hieronymo.
„Das klingt nach Dussel!“
„Dussel grunzt?“,
wundern sich Collin und Jule.
Niko wundert sich nicht mehr.
„Klar! Weltraumhunde grunzen“,
antwortet er.
Hieronymo lächelt. Er freut sich,
dass Niko nun schon so gut
über Weltraumhunde
Bescheid weiß.

„Das Grunzen kam von dort!“,
ruft Jule.
„Dort wohne ich“, sagt Niko.
„Kommt schnell!“
Die Kinder rennen zu Nikos Haus.
Im Garten von Nachbar Schulte
ist was los!
Dussel tobt mit Elli wild
über die Beete.
Nachbar Schulte steht hilflos
daneben und keift: „Wem gehört
dieses hässliche Tier?
Holt es sofort aus meinem Garten!“

„Dussel! Bei Fuß!“,
ruft Hieronymo.
Als Dussel Hieronymo entdeckt,
wedelt er fröhlich
mit seinem Schwänzchen.
Dann hüpft er über den Zaun
zu den Kindern.
Dussel sieht wirklich komisch aus:
Er hat nicht nur Federn
und Watschelfüße, er hat auch
einen langen Rüssel
und glupschige Augen.

Aber er schielt so süß,
dass alle ihn sofort gernhaben.
Nur Nachbar Schulte schimpft:
„Pass' das nächste Mal besser
auf dein, dein, ... – ja was ist das
überhaupt für ein Tier?!"
„EIN WELTRAUMHUND!",
rufen die Kinder
gemeinsam und lachen.

Wie geht's weiter? Bleiben Hieronymo
und Dussel bei Niko und Elli?

Frage

Rosaroter Abschied

Die Sonne geht langsam unter.
Hieronymo und Dussel
müssen wieder nach Hause.
Hieronymo sitzt in
seinem Raumschiff und winkt.
Dussel sitzt neben ihm.
Er guckt mit traurigen Augen
aus der Luke.

„Ich glaube, Dussel hat sich in Elli verliebt“, bemerkt Jule. „Wir werden unsere neuen Freunde auf der Erde bald wieder besuchen“, tröstet Hieronymo seinen Dussel. „Ja, kommt so bald wie möglich wieder!“, rufen Niko, Jule und Collin ihnen zu.

Dann schließt Hieronymo die Luke. Inzwischen ist das Raumschiff in eine rosarote Wolke gehüllt. Es hebt ab und steigt schnell empor. Niko, Jule und Collin schauen so lange zum Himmel, bis die Wolke am Horizont verschwunden ist.
„Wollen wir morgen wieder zusammen spielen?“, fragt Niko die anderen Kinder. „Gute Idee!“, sagen Collin und Jule.

Niko ist glücklich.
Endlich muss er die Ferien
nicht mehr allein verbringen.
Und wer weiß: Vielleicht kommen
Hieronymo und Dussel auch bald
wieder zu Besuch.

Frage

Meinst du, Dussels Freunde aus dem
All begleiten ihn bei seinem nächsten
Ausflug auf die Erde?

Leserabe

Leserätsel

Rätsel 1

Die verschwundenen Buchstaben

Welches Wort stimmt? Kreuze an!

Unter dem Tisch macht Wanda
○ Wiff.
○ Wuff.
○ Waff.

Pauls Lehrerin heißt Frau
○ Brehm.
○ Brahm.
○ Brohm.

Paul liest: „Willi, der wilde ...“
○ Wisent.
○ Wurm.
○ Wal.

Rätsel 2

Die verschwundenen Buchstaben

Findest du die richtige Seite? Trage die Zahl ein

Auf Seite ____ steht einmal **Eselei**.

Auf Seite ____ steht einmal **Fensterbrett**.

Auf Seite ____ steht einmal **Appetit**.

Das nimmersatte Timipu

Rätsel 3

Welche Buchstaben fehlen im Raster?
Fülle die Kästchen aus!
Schreibe Großbuchstaben:
Katze → KATZE

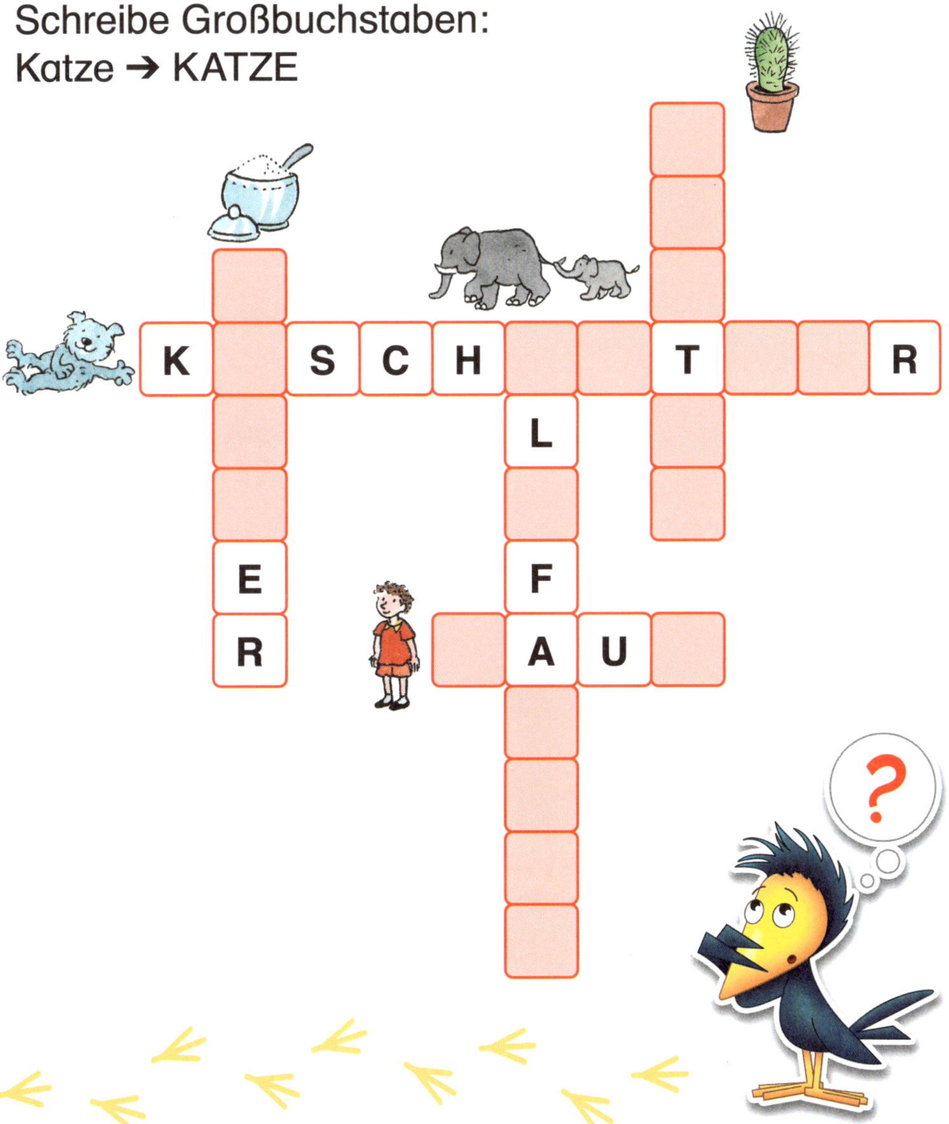

Lösungen
Rätsel 1: Wuff, Frau Brehm, Wal, **Rätsel 2:** 57, 73, 78
Rätsel 3: Kuscheltier, Kaktus, Paul, Zucker, Elefanten

Leserabe

Rabenpost

Rätsel 4

Besuch aus dem Weltraum

Fülle die Lücken aus. Trage die Buchstaben in die richtigen Kästchen ein. So findest du das Lösungswort für die Rabenpost heraus!

Niko hasst die

10	E	1			

. (Seite 86)

Die Wolke fliegt gegen den

	8		D

. (Seite 89)

Hieronymus kommt aus

Q	U	2					I	E	

. (Seite 93)

Hieronymus macht auf der Schaukel einen

	B			5		7			G

. (Seite 100)

Lösungswort

1	2	U	M	5	C	7	8	F	10

Hast du das Lösungswort herausgefunden?
Dann kannst du jetzt tolle Preise gewinnen.

Gib das Lösungswort auf der Leserabe-Website ein oder schick es mit der Post an folgende Adresse:

An den Leseraben
Rabenpost
Postfach 2007
88190 Ravensburg
Deutschland

* Wir verwenden die Daten der Einsender nur für das Gewinnspiel und nicht für weitere Zwecke. Alle weiteren Informationen zum Datenschutz und über unser Gewinnspiel findet ihr unter **www.leserabe.de**.

Lesen lernen wie im Flug!

In drei Stufen vom Lesestarter zum Leseprofi

Vor-Lesestufe
Ab Vorschule

ISBN 978-3-473-46022-9

ISBN 978-3-473-46023-6

ISBN 978-3-473-46024-3

1. Lesestufe
Ab 1. Klasse

ISBN 978-3-473-46025-0

ISBN 978-3-473-46026-7

ISBN 978-3-473-46027-4

2. Lesestufe
Ab 2. Klasse

ISBN 978-3-473-46028-1

ISBN 978-3-473-46029-8

ISBN 978-3-473-46066-3

ERZ 21 003